Li 10
2

Réserve

x

ÉTAT GÉNÉRAL

DES UNIFORMES

DE TOUTES LES TROUPES DE FRANCE

repréſentées

par un homme de chaque Régiment dans le coſtume du nouveau Réglement, arrêté par le Roi pour l'habillement de ſes Troupes le 21 Fevrier 1779.

PAR

M. P. F. D'ISNARD,

CHEVALIER DE L'ORDRE ROYAL ET MILITAIRE DE ST. LOUIS,
ANCIEN OFFICIER DE DRAGONS.

À STRASBOURG

ſe trouve chez JEAN HENRI HEITZ, Imprimeur de l'Univerſ.

MDCCLXXIX.

Avec Permiſſion.

À MONSEIGNEUR

MONSEIGNEUR

LE PRINCE DE MONBAREY

MARÉCHAL DES CAMPS ET ARMÉES DU ROI, CHEVALIER
DE SES ORDRES, CAPITAINE - COLONEL DES SUISSES
DE LA GARDE DE MONSIEUR , MINISTRE ET
SECRÉTAIRE D'ÉTAT AYANT LE DÉPARTEMENT DE
LA GUERRE &c. &c.

MONSEIGNEUR!

Le petit ouvrage que j'ai l'honneur de Vous offrir, est le costume dernièrement arrêté par le Roi pour l'Habillement de ses Troupes ; pour qui doit-il être plus intéressant, que pour un Prince aussi ami du Militaire qu'il en est aimé?

Si Vous daignez, Monseigneur, en occuper quelqu'uns de ces moments de loisir que le Ministere est forcé de céder à la nature pour y jetter plus d'intérêt, je Vous ferai parvenir successivement le costume des Troupes de toutes les autres Puissances de l'Europe.

Je suis avec un très-profond respect,

MONSEIGNEUR,

Votre très-humble & très-obéissant Serviteur

ISNARD,

Chevalier de l'Ordre Royal & Militaire de St. Louis, Officier de Dragons retiré à Strasbourg.

OBSERVATION.

Suivant l'Article 15. du Chapitre premier du Réglement daté & allégué dans le Titre, tous les Régimens
d'Infanterie Françoise porteront l'Habit & la Vefte de
drap blanc, doublés de blanc, & la Culotte de tricot
de même couleur.

Lesdits Régimens, à l'exception de celui de Pi-
cardie, qui confervera fon ancienne Uniforme, des
Régimens Royaux & de ceux des Princes, feront claf-
fés par fix dans leur ordre d'ancienneté, & l'une des
dix couleurs ci-après fera affectée à la diftinction de
chaqu'une.

Savoir :

	Couleurs.
Premiere Claffe	bleu - célefte
Deuxieme	panne noire.
Troifieme.	violet.
Quatrieme	gris - de - fer.
Cinquieme	rofe.
Sixieme	jonquille.
Septieme	cramoifi.
Huitieme	gris - argentin.
Neuvieme	aurore.
Dixieme	verd - foncé.

Les fix Régimens, dont chaque claffe fera compofée, formeront deux divifions, de chaqu'une 3 Régimens; le premier de chaque divifion portera toujours les Revers & Paremens de la couleur affectée à

la claffe où il fe trouve; le fecond portera le Revers feulement de ladite couleur, & le troifieme n'en aura que les Paremens. Les Régimens de la premiere divifion auront les Boutons jaunes & les Poches en travers à l'ordinaire; ceux de la feconde divifion porteront des Boutons blancs & la Poche en long.

Les Régimens Royaux & ceux des Princes formeront 2 claffes particulieres; la premiere des 7 Régimens, non compris le Régiment du Roi, à laquelle fera affectée la couleur bleu de Roi; & la feconde de 10 Régimens, laquelle aura pour diftinction la couleur écarlate.

Les 4 premiers Régimens Royaux (non compris celui du Roi, qui continuera jufqu'à ce que Sa Majefté en ait ordonné autrement, de porter fon Uniforme actuel) formeront la premiere divifion de la premiere claffe; la feconde divifion fera compofée des 3 autres Régimens.

Enfin des dix Régimens, dont fera formée la claffe de ceux des Princes, les cinq anciens compoferont la premiere divifion; la feconde fera compofée des cinq autres; & la diftinction des Boutons jaunes avec la Poche ordinaire, dont ils feront toujours accompagnés, aura lieu pour les Régimens de chaqu'une des premieres divifions de ces deux claffes, comme celle des Boutons blancs avec la Poche en long, qui dans l'Infanterie Françoife iront toujours enfemble, fervira à diftinguer les Régimens des dernieres divifions.

C'eft d'après les Régles générales, qui viennent d'être établies ci-deffus, que les diftinctions des Régimens de l'Infanterie Françoife font & demeureront fixées ainfi qu'il fuit:

INFANTERIE
FRANÇOISE,
ALLEMANDE,
SUISSE,
IRLANDOISE,
ITALIENNE ET CORSE.

[illegible]

[illegible]

[illegible]

PICARDIE. Nº 1.

Revers & Paremens blancs, Boutons jaunes.

PROVENCE. Nº 2.

B.l. Revers & Paremens bleu-célefte, Boutons jaunes.

PIÉMONT. N.º 3.

B. Revers bleu-céleste, Boutons jaunes.

BLAISOIS. Nº 4.

Paremens bleu-céleste, Boutons jaunes.

NAVARRE. N.º 5.

Revers & Paremens bleu-céleste, Boutons blancs,
Poches en long.

ARMAGNAC. N.º 6.

Revers bleu-célefte, Boutons blancs, Poches en long.

d

CHAMPAGNE. N.º 7.

Paremens bleu-célefte, Boutons blancs, Poches en long.

AUSTRASIE. Nº 8.

Revers & Paremens panne noire, Boutons jaunes.

NORMANDIE. Nº 9.

Revers panne noire, Boutons jaunes

NEUSTRIE. No 10.

Paremens panne noire, Boutons jaunes.

LA MARINE. Nº 11.

Revers & Paremens panne noire , Boutons blancs,
Poches en long.

AUXERROIS. Nº 12.

Revers panne noire, Boutons blancs, Poches en long.

BOURBONNOIS. Nº 13.

Paremiens panne noire, Boutons blancs, Poches en long.

FORÉS. Nº 14.

Revers & Paremens violet, Boutons jaunes.

BÉARN. Nº 15.

Revers violet, Boutons jaunes.

AGÉNOIS. Nº 16.

Paremens violet, Boutons jaunes.

AUVERGNE. No 17.

H.R Revers & Paremens violet, Boutons blancs, Poches
en long.

Revers violet, Boutons blancs, Poches en long.

FLANDRE. Nº 19.

Paremens violet, Boutons blancs, Poches en long.

CAMBRESIS.   Nᵒ 20.

B.R. Revers & Paremens gris-de-fer, Boutons jaunes.

GUYENNE. Nᵒ 21.

Revers gris-de-fer, Boutons jaunes.

VIENNOIS. N.º 22.

B. Paremens gris-de-fer, Boutons jaunes.

m

BRIE. · Nº 25.

Revers & Paremens gris-de-fer, Boutons blancs,
Poches en long.

POITOU. Nº 26.

R. Revers gris-de-fer, Boutons blancs, Poches en long.

BRESSE. Nº 27.

Paremens gris-de-fer, Boutons blancs, Poches en long.

LYONNOIS. Nº 28.

Revers & Paremens rose, Boutons jaunes.

DUMAINE. Nº 29.

Revers rofe, Boutons jaunes.

Paremens rofe, Boutons jaunes.

AUNIS. Nº 32.

Revers & Paremens rofe, Boutons blancs, Poches
en long.

BASSIGNY. Nº 33.

Revers rofe, Boutons blancs, Poches en long.

TOURAINE. Nº 34.

Paremens rose , Boutons blancs , Poches en long.

Revers & Parémens jonquille, Boutons jaunes, timbres des armes.

AQUITAINE. Nº 36.

Revers jonquille, Boutons jaunes.

Paremens jonquille, Boutons jaunes.

MARECHAL DE TURENE. Nº 38.

Revers & Paremens jonquille, Boutons blancs, Poches en long.

DAUPHINÉ. N.º 39.

Revers jonquille, Boutons blancs, Poches en long.

Paremens jonquille, Boutons blancs, Poches en long.

SOISSONNOIS. Nº 41.

Revers & Paremens cramoiſi, Boutons jaunes.

V

Revers cramoisi, Boutons jaunes.

Paremens cramoisi, Boutons jaunes.

Revers & Paremens cramoisi, Boutons blancs, Poches en long.

BERRY. Nº 50.

Revers cramoisi, Boutons blancs ; Poches en long.

HAINAULT. N.º 51.

Paremens cramoisi, Boutons blancs, Poches en long.

LA SARRE. Nᵒ 52.

Revers & Paremens gris-argentin, Boutons jaunes.

LA FÉRE. Nº 53.

Revers gris-argentin, Boutons jaunes.

BEAUVOISIS. Nº 58.

Paremens gris-argentin, Boutons jaunes.

Revers & Paremens gris-argentin, Boutons blancs,
Poches en long.

BOURGOGNE. N⁰ 60.

Revers gris-argentin, Boutons blancs, Poches en long.

Paremens gris-argentin, Boutons blancs, Poches en long.

VENDANGEOIR DE

Puteaux près Nanterre. Portons blanc, Porto en long.

Revers & Paremens aurore, Boutons jaunes.

BEAUCE. Nᵒ 71.

Revers aurore, Boutons jaunes.

Paremens aurore, Boutons jaunes.

VIVARAIS. N.º 74.

Revers & Paremens aurore, Boutons blancs, Poches en long.

VEXIN. Nº 75.

Revers aurore, Boutons blancs, Poches en long.

BEAUJOLOIS. N.º 77.

Paremens aurore , Boutons blancs , Poches en long.

BOULONNOIS. Nº 82.

Revers & Paremens vert - foncé, Boutons jaunes.

2 f

Revers vert-foncé, Boutons jaunes.

SAINTONGE. N.º 85.

Paremens vert-foncé, Boutons jaunes.

FOIX. N.º 86.

Revers & Paremens vert - foncé, Boutons blancs,
Poches en long.

ROHAN-SOUBISE.   N.º 87.

Revers vert-foncé, Boutons blancs, timbrés des armes, Poches en long.

BARROIS. No 94.

Pareme̅ts vert-foncé, Boutons blancs, Poches en long.

INFANTERIE.

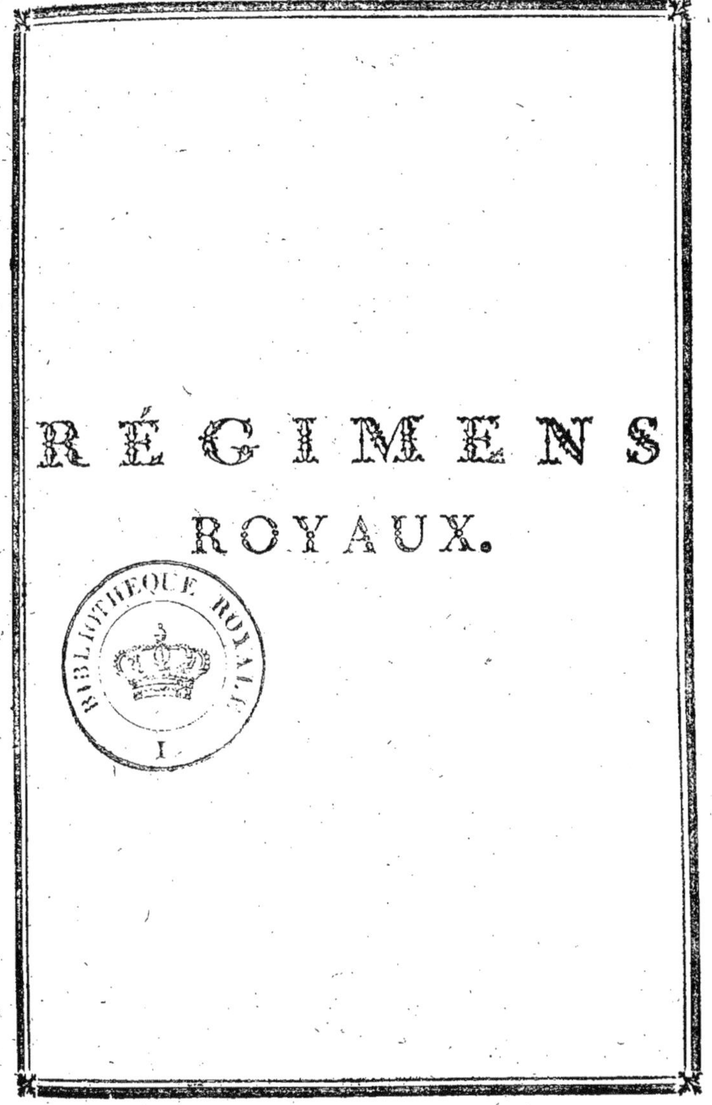

RÉGIMENS
ROYAUX.

DU ROI. Nº 23.

Son uniforme actuel &c.

Revers & Paremens & Retrouſſis bleu de Roi, Boutons jaunes.

DAUPHIN. Nº 30.

Revers & Paremens bleu de Roi, Boutons jaunes,
timbrés d'un Dauphin.

Revers bleu de Roi, Boutons jaunes, timbrés d'un vaiſſeau.

Paremens bleu de Roi, Boutons jaunes, timbrés d'une Couronne.

Revers & Paremens bleu de Roi, Boutons blancs, Poches en long.

2 m

Paremens bleu de Roi, Boutons blancs, Poches en long.

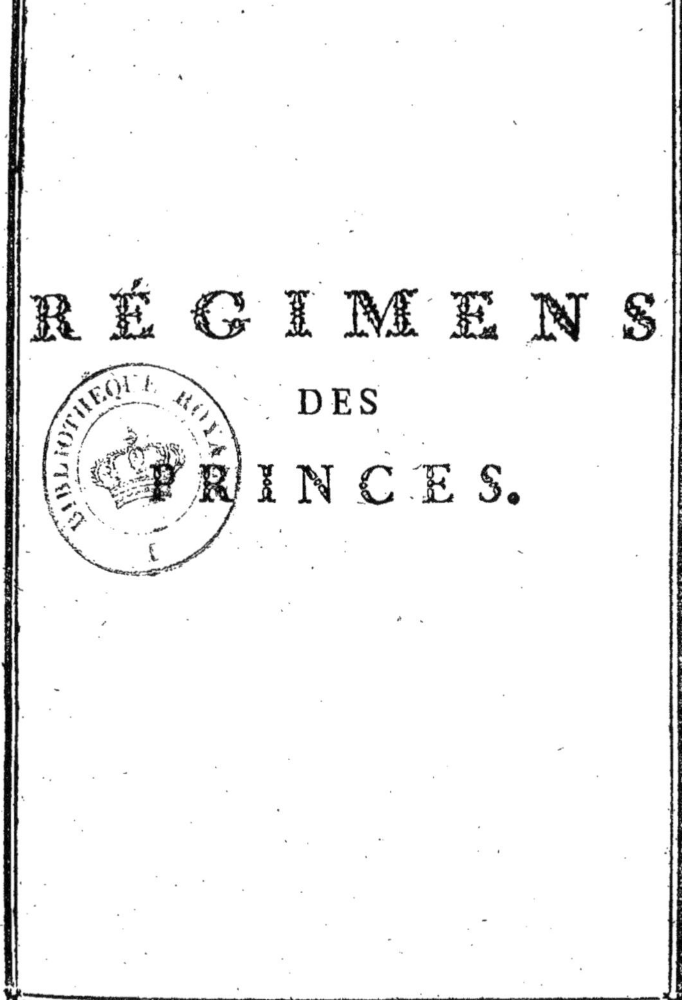

2 11

LA REINE. Nº 42.

Revers, Puremens & Retroussis écarlate, Boutons
jaunes.

ORLÉANS. N.º 45.

Revers & Paremens écarlate, Boutons jaunes, timbrés des armes du Prince.

ARTOIS. N.º 49.

Revers écarlate, Boutons jaunes.

CONDÉ. № 56.

Paremens écarlates, Boutons jaunes, timbrés des armes du Prince.

Retrouſſis écarlate, Boutons jaunes, timbrés des armes du Prince.

MONSIEUR. Nº 78.

Revers, Paremens & Retrouffis écarlate, Boutons blancs, timbrés des armes du Prince, Poches en long.

PENTHIÉVRE N.º 81.

Revers & Paremens écarlate, Boutons blancs, timbrés des armes du Prince, Poches en long.

CONTI. N.º 84.

Revers écarlate, Boutons blancs, timbrés des armes du Prince, Poches en long.

2 1

Paremens écarlate, Boutons blancs, timbrés des armes du Prince, Poches en long.

B. Rétroussis écarlate, Boutons blancs, timbrés des armes du Prince, Poches en long.

INFANTERIE
ÉTRANGERE.

Les Régimens Suisses, Grisons & Irlandois continueront de porter l'habit de drap rouge-garence, & les Régimens Allemands, Royal-Italien & Corse, l'habit de drap bleu-céleste foncé, les uns & les autres avec doublure, veste & culotte blanches. Ils conserveront les couleurs de distinction, dont ils sont en possession pour Revers, Paremens & Colets, ainsi que les distinctions particulieres qui existent sur leurs Uniformes, le tout suivant le détail ci-après.

ERLACK.

Revers, Paremens, Collet panne noire, Poches en
long, tous Boutons blancs fans numero, 3 petits Boutons aux Paremens.

2 t

BOCCARD.

Revers, Paremens jaune citron, Collet rouge-garence, 3 gros Boutons aux Paremens.

Revers, Paremens, Colet bleu, Poches en long, 3
petits Boutons aux Paremens.

CASTELLA.

Revers, Paremens, Colet bleu, Boutonnieres blanches, 3 petits Boutons aux Paremens.

WALDNER.

Revers rouge, Paremens blancs, Collet rouge, Poches en long, 3 petits Boutons aux Paremens.

2 X

AULBONNE.

B. Revers, Paremens jaune, Collet vert, Poches en long,
petits Boutons aux Paremens.

DIESBACK.

Revers, Paremens, Collet bleu-célefte, 3 petits
Boutons aux Paremens.

Revers, Paremens, Collet bleu, Paremens ouverts sans
Boutons liférés de blanc, ainfi que les Revers & le Collet.

I. Revers, Paremens bleu, Collet blanc, doubles Poches en long.

MURALT.

Revers, Paremens bleu, Collet aurore, Boutons triolés anglois, plats sur la tête, 3 petits Boutons aux Paremens.

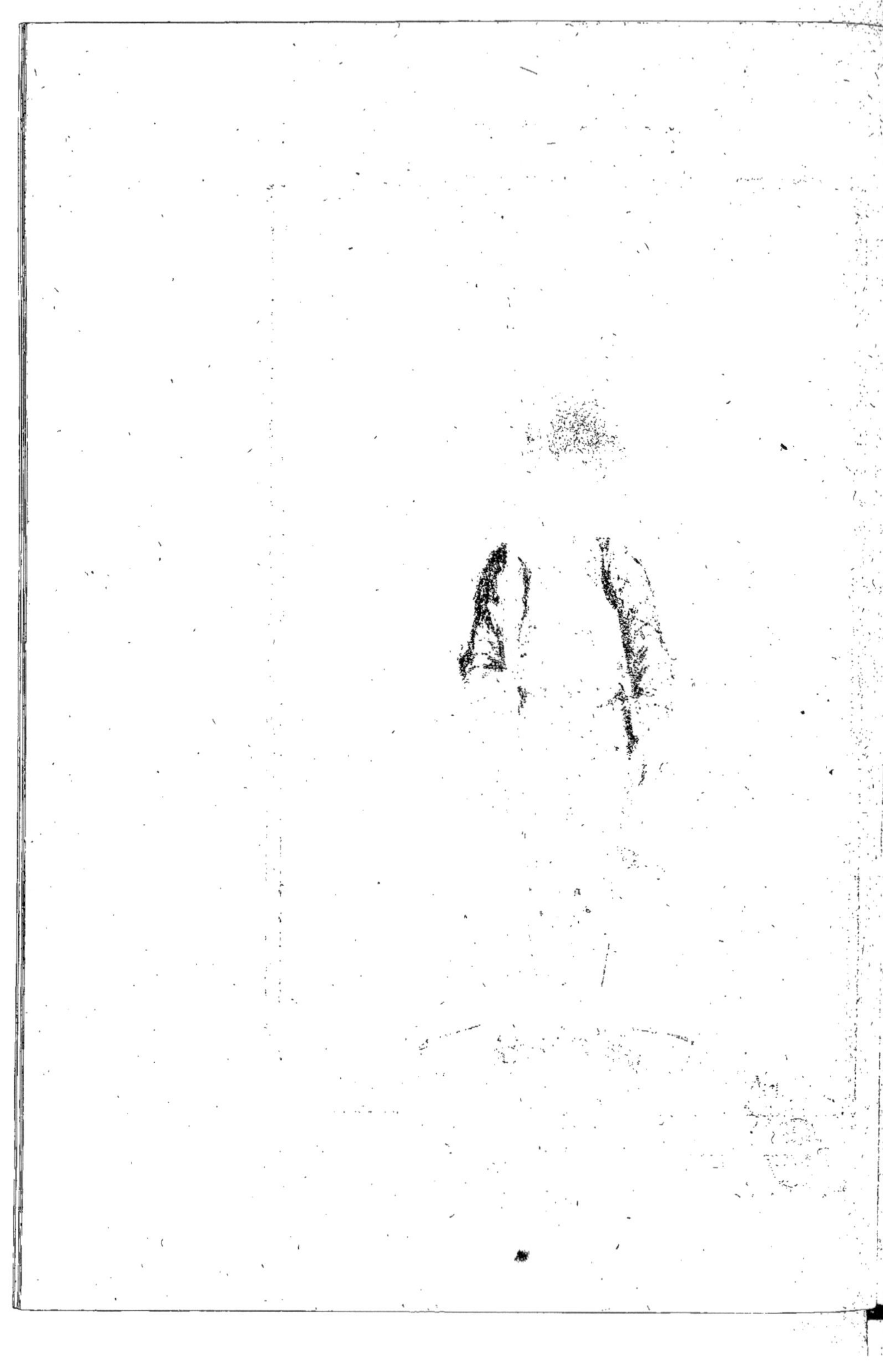

EPTINGEN.

Revers, Paremens, Collet blanc, 3 petits Boutons aux Paremens.

3 a

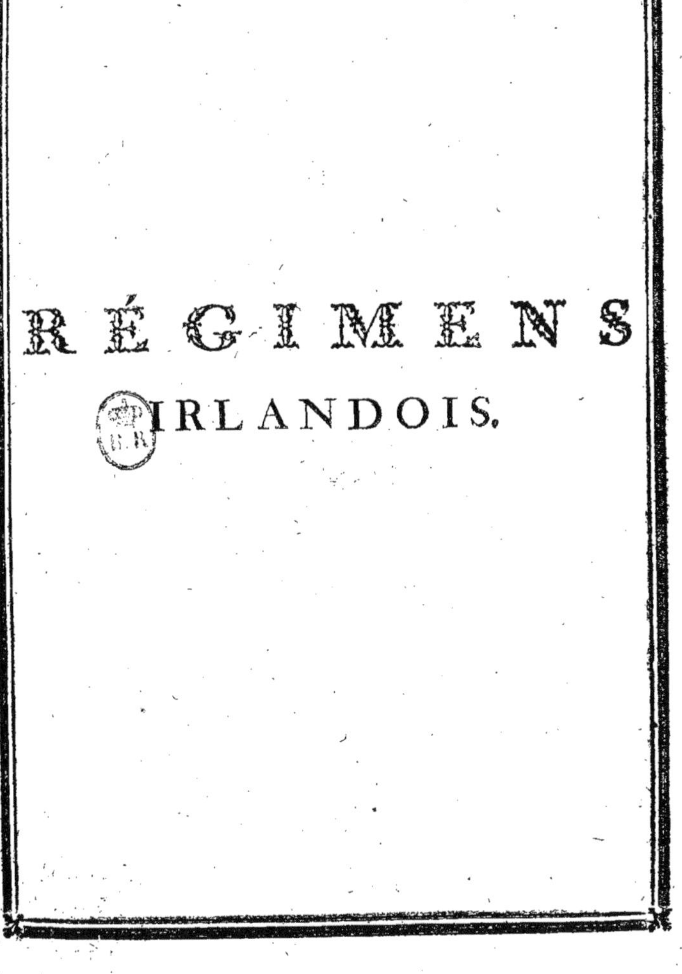

RÉGIMENS IRLANDOIS.

DILLON. Nº 90.

Revers, Paremens jonquille, Collet blanc, le deſſus-&
l'avant-bras garnis de 4 Boutonnieres en équerre, & de
4 petits Boutons.

BERWICK. Nº 91.

Revers, Paremens de panne noire, Collet jonquille,
le dessus - & l'avant - bras garnis de 4 Boutonnieres en
équerre & de 4 petits Boutons.

WALSH. Nº 95.

Revers, Paremens bleu, Collet jonquille, Boutons jaunes, le dessus - & l'avant - bras garnis de 4 Boutonnieres en équerre, & de 4 petits Boutons.

RÉGIMENS
ALLEMANDS.

ALSACE. Nº 54.

Revers, Paremens, Collet écarlate, Boutons blancs.

3 d

ANHALT. N.° 63.

Revers, Paremens, Collet jaune citron, Boutons blancs.

Revers, Paremens jonquille, Collet rouge, Boutons
blancs.

3 e

ROYAL-SUÉDOIS. Nº 92.

Revers, Paremens, Collet chamois, Boutons jaunes.

ROYAL-BAVIERE. Nº 97

Revers, Paremens, Collet panne noire, Boutons
blancs.

3 f

Revers, Paremens, Collet orange, Boutons blancs,
timbrés d'un Lion.

BOUILLON. No 103.

Revers, Paremens , Collet blanc, Boutons jaunes.

ROYAL-DEUX-PONTS. N.º 104.

Revers & Paremens jaune citron, Collet bleu-célefte,
Boutons blancs.

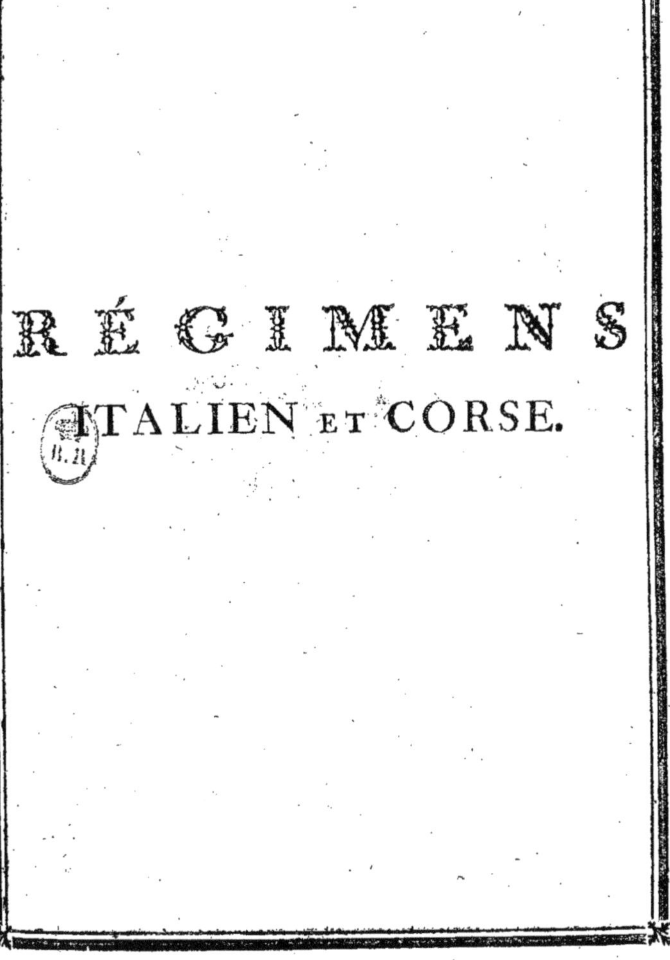
RÉGIMENS
ITALIEN ET CORSE.

ROYAL-ITALIEN. Nº 65.

Revers & Paremens jonquille, Collet rose, Boutons jaunes.

ROYAL - CORSE.   N.º 100.

Revers, Paremens jonquille, Collet bleu - célefte,
Boutons blancs.

ARTILLERIE.
RÉGIMENS
DU CORPS ROYAL
ET
TROUPES PROVINCIALES.

L'Uniforme du Corps Royal d'Artillerie sera composé d'un Habit, Revers, Collet, Épaulette & Veste de drap bleu de Roi, Paremens & Doublure rouge, Patte de Poches ordinaires liférée de rouge, & garnie de 3 gros Boutons, 3 de même aux Paremens.

La Veste de drap bleu sera doublée de cadis blanc; les Bofques le seront de toile; elle sera garnie de douze petits Boutons; les Poches seront ouvertes & garnies de 3 petits Boutons.

La Culotte sera de tricot bleu doublée de toile écruë, Boutons jaunes,

N° 64.

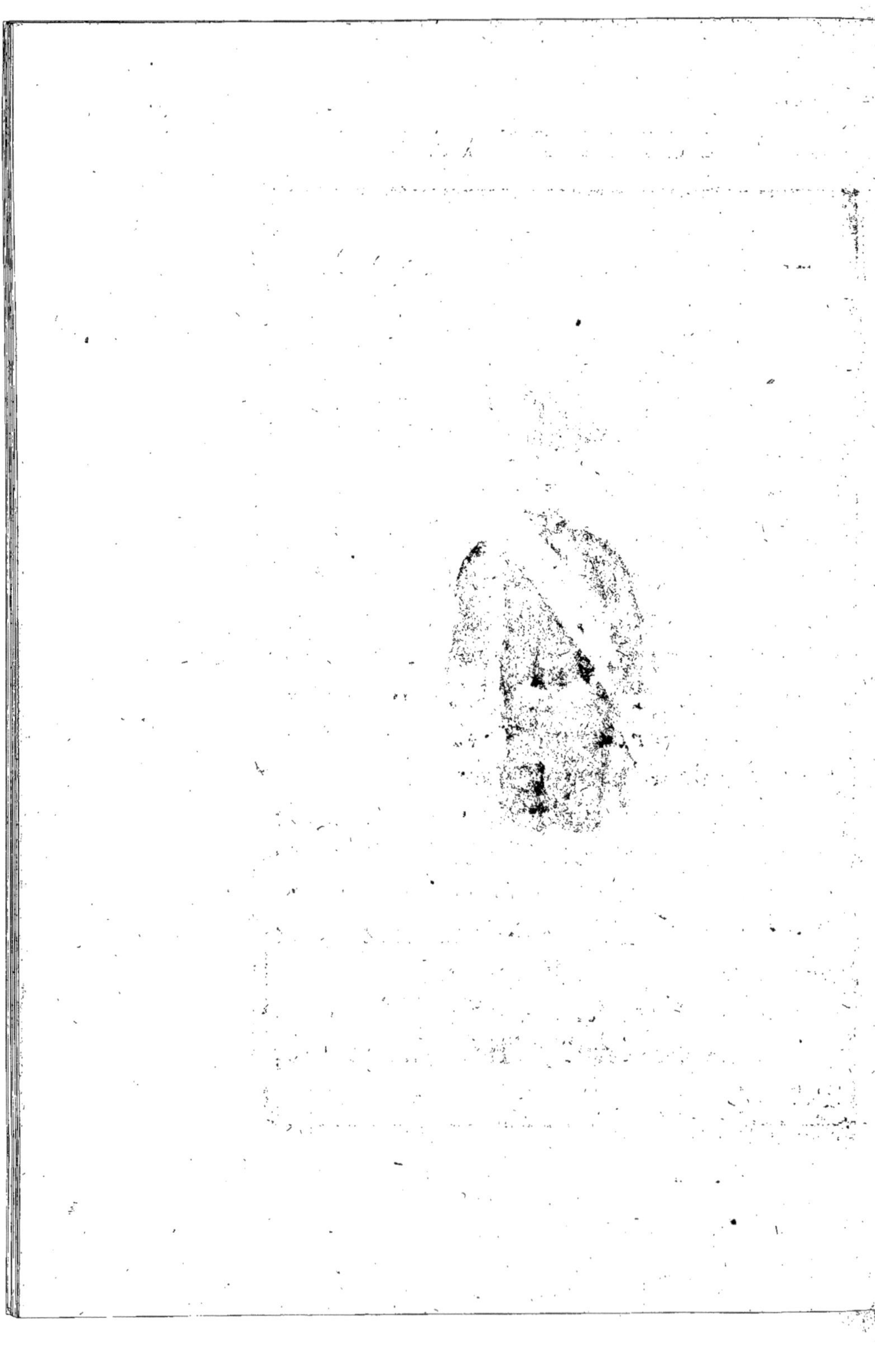

CORPS ROYAL. Nº 64.

E. Habit, Revers, Collet, Épaulettes & Veste de drap
bleu de Roi, Paremens & Doublure rouge, Patte de
Poches ordinaires, liférée de rouge &c.

3 k

TROUPES PROVINCIALES.

Paremens & Collet bleu de Roi, excepté le Régiment de Paris,
qui porte les Paremens & Collet de drap bleu-céleste, Boutons
blancs, timbrés d'un Canon pour ceux attachés à l'Artillerie.

Tous les Régimens de Cavalerie porteront l'Habit en drap bleu de Roi, avec Poches en travers, la Veste en drap chamois, & la Culotte de peau de couleur naturelle.

Les Surtous feront de tricot bleu, & les Gilets de même étoffe.

Lesdits Régimens feront divisés, suivant leur ancienneté, en huit classes, à chacune desquelles fera affectée une couleur de distinction, de laquelle le premier Régiment de chaque classe portera les Revers & Paremens, le second les Revers, & le dernier les Paremens seulement, le tout dans l'ordre ci-après :

Le Régiment Colonel-Général portera un bordé de laine jaune, de six lignes de large, sur les Paremens & Revers, ainsi que des Boutonnieres d'un galon semblable de 3 lignes.

Les deux autres Régimens de l'Etat-Major ne porteront que les Boutonnieres.

Le Régiment Royal-Allemand continuera de porter le surplus de son Uniforme, tel qu'il a été fixé par le Réglement du 25 Avril 1767.

Revers & Paremens écarlate, Boutons jaunes.

MESTRE DE CAMP GÉNÉRAL.
Nº 2.

R. Revers écarlate, Boutons jaunes.

3 m

COMMISSAIRE-GÉNÉRAL. Nᵒ 3.

Paremens écarlate, Boutons jaunes.

RÓYAL. Nº 4.

B. Revers & Paremens écarlate, Boutons blancs.

DU ROI. N.º 5.

Revers écarlate, Boutons blancs.

Paremens écarlate, Boutons blancs.   3 0

Revers & Paremens jonquille, Boutons blancs.

ROYAL - CRAVATES. Nº 8.

Revers jonquille, Boutons blancs.

Paremens jonquille, Boutons blancs.

B. Revers & Paremens cramoisi , Boutons blancs.

Paremens & Collet cramoisi, Boutons blancs.

Paremens cramoifi, Boutons blancs.

3 r

Revers & Paremens aurore, Boutons blancs.

ROYAL - PICARDIE. N.º 14.

R.Revers aurore, Boutons blancs.

Paremens aurore, Boutons blancs.

Revers & Paremens rofe, Boutons blancs.

Revers rofe, Boutons blancs.

Paremens rofe , Boutons blancs.

DAUPHIN. N.° 19.

Revers & Paremens gris-argentin, Boutons blancs.

BOURGOGNE. № 20.

Revers gris - argentin, Boutons blancs.

BERRY. Nᵒ 21.

Paremens gris-argentin, Boutons blancs.

Revers & Paremens bleu-céleste, Boutons blancs;
ils continueront de porter le petit galon de fil blanc.

ARTOIS. N.º 23.

Revers bleu-céleste, Boutons blancs, timbrés des Armes du Prince.

Paremens bleu-célefte, Boutons blancs, timbrés des Armes du prince.

RÉGIMENS
DES
CHEVAUX LÉGERS.

Habit à la françoise en drap bleu naturel, des mêmes formes & proportions que celui réglé pour la Cavalerie, à l'exception que la Patte de la Poche fera en long ; Vefte de drap chamois, Culotte de peau, Boutons blancs timbrés d'un cheval monté & du numero de chaque Régiment.

L'Habit dans tous les Régimens de Chevaux légers fera garni à l'épaule gauche d'une éguillette plate, fond blanc, lofangée de la couleur de diftinction ; celle du fixieme Régiment le fera en bleu.

Revers & Paremens écarlate, Boutons blancs.

4 a

DEUXIEME RÉGIMENT. Nº 2.

Revers & Paremens cramoisi, Boutons blancs.

Revers & Paremens bleu-céleste, Boutons blancs.

QUATRIEME RÉGIMENT. N.º 4.

Revers & Paremens chamois, Boutons blancs.

CINQUIEME RÉGIMENT. Nº 5.

Revers & Paremens aurore, Boutons blancs.

SIXIEME RÉGIMENT. Nº 6.

Revers & Paremens blancs, Boutons blancs.

DRAGONS.

Les Régimens de Dragons porteront l'Habit en drap vert foncé, la Veste en drap blanc, & la Culotte de peau blanchie.

Les Surtous feront de tricot vert & les Gilets de même étoffe.

Lesdits Régimens feront partagés par ordre d'ancienneté en fix claffes, dont chacune aura fa couleur diftinctive. La premiere comprendra trois divifions, chaque divifion de deux Régimens; les quatre fuivantes feront de deux, & la derniere ne fera compofée que de deux Régimens. Le premier Régiment de chaque divifion portera les Revers & Paremens de la couleur affectée à la claffe dont il fera ; le fecond les Revers feulement.

Le Régiment Colonel-Général portera un bordé de laine jaune de fix lignes de large fur les Paremens & Revers, ainfi que les Boutonnieres d'un galon femblable de 3 lignes.

Celui de Meftre de Camp Général ne portera que des Boutonnieres.

Revers & Paremens écarlate, Boutons jaunes.

MESTRE DE CAMP GÉNÉRAL.
N.º 2.

Revers écarlate, Boutons jaunes.

4 è

ROYAL. Nº 3.

Revers & Paremens écarlate , Boutons jaunes.

Revers écarlate, Boutons jaunes.

4 f

LA REINE. Nº 5.

Revers & Paremens écarlate, Boutons blancs.

Revers écarlate, Boutons blancs.

Revers & Paremens rofe, Boutons jaunes, timbrés
des Armes du Prince.

Revers rose, Boutons jaunes, timbrés des Armes du Prince.

Revers & Paremens rofe, Boutons blancs, timbrés
des Armes du Prince.

Revers rose, Boutons blancs, timbrés des Armes du Prince.

CONDÉ. N.º 11.

B. b. Revers & Paremens chamois Condé, Boutons jaunes, timbrés des Armes du Prince.

Revers chamois Condé, Boutons jaunes, timbrés des
Armes du Prince.

4 k

CONTI. N.° 13.

Revers & Paremens chamois Conti, Boutons blancs, timbrés des Armes du Prince.

PENTHIEVRE. N.º 14.

Revers chamois ordinaire, Boutons blancs, timbrés
des Armes du Prince.

BOUFLERS. № 15.

Revers & Paremens cramoisi, Boutons jaunes.

LORRAINE. Nº 16.

Revers cramoisi, Boutons jaunes, timbrés d'une Croix de Lorraine.

4 m

CUSTINE. Nº 17.

Revers & Paremens cramoisi, Boutons blancs.

Revers cramoisi, Boutons blancs.

JARNAC. Nᵒ 19.

Revers & Paremens aurore, Boutons jaunes.

LANAN. N.º 20.

Revers aurore, Boutons jaunes.

Revers & Paremens aurore, Boutons blancs.

Revers aurore, Boutons blancs.

4 p

Revers & Paremens blancs, Boutons blancs.

E. Revers blancs, Boutons blancs.

Habit à la française en drap verd foncé, de même forme & proportion que celui réglé pour les Dragons, à l'exception qu'il n'y aura point de Poches; Vefte de drap chamois, Culotte de peau, Boutons blancs timbrés d'un cor-de-chaffe & du numero de chaque Régiment.

L'Habit dans tous les Régimens des Chaffeurs à cheval fera garni à l'épaule gauche d'une Epaulette fond blanc, lofangée de la couleur de diftinction; celle du fixieme Régiment le fera en verd foncé.

PREMIER RÉGIMENT. N°. 1.

Revers & Paremens écarlate, Boutons blancs, timbrés d'un cor-de-chasse.

4 r

أعظم

DEUXIEME RÉGIMENT. N.º 2.

Patis

Revers & Paremens cramoisi, Boutons blancs, timbrés d'un cor-de-chasse.

TROISIEME RÉGIMENT. Nº 3.

Revers & Paremens jaunes, Boutons blancs, timbrés d'un cor-de-chasse.

QUATRIEME RÉGIMENT. N.º 4.

Revers & Paremens chamois, Boutons blancs, timbrés d'un cor-de-chasse.

Revers & Paremens aurore, Boutons blancs, timbres d'un cor-de-chasse.

SIXIEME RÉGIMENT. Nº 6.

Revers & Paremens blancs, Boutons blancs, timbrés d'un cor-de-chaſſe.

HUSSARDS.

BERCHENY.

Peliſſe & Tolemant de drap bleu-céleſte foncé; les Paremens, Retrouſſis en drap rouge garence; la Culotte de drap bleu-céleſte foncé; le Cordonnet pour Boutonnieres & pour couvrir les Coutures de laine ou fil blanc; le Schakos de feutre noir doublé d'étoffe rouge, & bordé d'un galon de laine blanche; Boutons blancs.

CHAMBORANT.

Peliſſe & Tolemant de drap brun marron; les Paremens, Retrouſſis en drap rouge garence; la Culotte de drap brun marron; le Cordonnet pour Boutonnieres & pour couvrir les Coutures de laine ou fil blanc; le Schakos de feutre noir, doublé d'étoffe de laine, & bordé d'un galon blanc; Boutons blancs.

CONFLANS.

Peliſſe & Tolemant de drap verd; Paremens, Retrouſſis de drap rouge garence; la Culotte de même; le Cordonnet de laine jaune; le Schakos de feutre noir, doublé d'étoffe de laine verte, bordé d'un galon de laine; Boutons jaunes.

ESTHERAZY.

Peliſſe & Tolemant de drap gris argentin; Paremens, Retrouſſis de drap rouge garence; la Culotte de drap gris argentin; Cordonnet gris-argentin de fil ou laine gris-argentin; le Schakos de feutre noir, doublé d'étoffe de laine blanche, & bordé d'un galon de laine; Boutons blancs.

BERCHENY.

CHAMBORANT.

CONFLANS.

ESTHERAZY.

UNIFORMES
DES TROUPES
DE FRANCE